너는 아마 싱싱한 나무일 거다

이인해 시집

문학의전당 시인선
0265

너는 아마 싱싱한 나무일 거다

이인해 시집

문학의전당

시인의 말

쑥부쟁이와 박새가 곱게 살아가는 나의 별에서

새벽에 일어나 한 컵 냉수를 마시고
다시 옷깃을 여민다.

2017년 8월
이인해

차례

시인의 말

제1부

안경 13
팬지 14
이 봄 16
개털 18
노동 19
민들레 생각 22
약속 24
아내 26
낙화 27
봄비 28
아파트 천국 30
신록 3 32
여름 식양 33
세월호 그 후 34

제2부

종이 두 장　37
닭　38
진달래　39
밥그릇　40
길　42
짝사랑　44
어제　46
세계　47
가을 앞에　48
시(詩)　50
하늘　52
바람　53
새벽 산을 오르며　54
모기 전쟁　56

제3부

불경기 59
눈물 60
외로움 61
입동 62
가을 추억 64
채송화 65
사람에게 66
지금 제비는 68
종소리 70
외등 71
챙기기 72
자화상 74
진달래 2 75
달빛 동네 76
가을밤 78

제4부

별　81
적막　82
어머니　84
무식　86
뒈진 놈　88
찔레꽃　89
수국　90
물　92
돛　94
바다　96
사월　98
개나리　100
봄바람　102

제5부

낙엽 105
육거리 시장 106
할아버지 가시면 108
출근 109
박대 110
이 여름 112
달력 114
꽃 115
황무지 116
가래울 118
얼굴 120
섬 121
입춘 122
난(蘭) 124
하늘 2 126

제1부

안경

안경 써야 되는 건 불행
안경으로라도 세상 볼 수 있는 건 다행
나는 추운 날 마스크를 할 수 없음이 불편한 등등
불행한 다행 속에
먼 창밖 바라보며 안경을 닦는데

아우구스피츠에 산더미로 쌓아놓고 간
아이들의 안경 어른들의 안경
안경 쓰고도 미래를 보지 못했다

내가 태어났을 때 이미 안경을 쓰고 있었던
아버지도 저녁 떡국 두 그릇 자시고 이십 분 만에
심근경색으로 떠나셨다

안경 닦는 게 직업이었다던 스피노자
내일 지구가 망해도 사과나무를 심는다 했다

팬지

 지난여름은 징그럽게 더웠어 더워서 늘 하던 밤 산책도 못한 거지 밤인데도 새벽까지 더웠거든 이제 가을이야 내 세상 가을 누가 보내준 편지인가 다들 쿨쿨 쓰러진 한밤중 눈을 뜨고 언젠가는 저들에 의해 내가 누워서 나갈 문 나뭇잎같이 조용히 열고 나가는 거여

 국보제약 골목에서 충혼탑 쪽으로 새로 개통한 충혼로 네거리 팬지꽃 화분 몇 개 새로 심은 느티나무 몇 개 그 느티나무 둘레로 둘러앉힌 나무의자 거기가 내 마지막 장소지 앉아서 별밭 같은 꽃들을 보며 그녀 생각 조금 하는 거지 이제 심드렁하지만 생각할 게 그거밖에 없더라구 그녀

 으음 그녀 함께 갈 기던 그 바닷가 저 홀로 거닐다 떠나면 사금 같은 눈물의 모래밭 달빛만 허옇겠지 혹시 몰라 지금도 거기서 저는 저대로 날 기다릴까 팬지꽃 그녀

 어쨌든 스스로를 사랑하지 못한 내가 사랑받을 수나 있었겠어 쓸모없이 싱싱하기만 해서 어지럽던 날들 큐피드 화살

같은 말 한마디 쏘아보지 못하고 속수무책 잘 삭은 초가지붕이 되어버렸어 그래서 이 밤 잠시일지라도 오래도록 저 꽃무리나 바라보는 게 편안해 구차스런 이것저것 내 생 고난의 섭리 다 미련 없느니 그만 갈 거야

  집으로 하늘로 땅으로
  이 가을 팬지꽃 저 고요한 나라로

이 봄

연아가 금메달을 따던 날인가
미시령에 눈이 많이 내렸다고 했다
작년 민들레밭이던 우리 마당귀에도 눈이 내렸다

깜찍한 옆집 강아지 세 마리
짧은 옷을 입은 채 몰려와
낮이면 녹을 눈밭에 뛰놀았다

산등성이 바라봤다
고기만 잡고 사는
순한 사람들이 사는 바다 건너 섬에서
바람이 오는 듯하다

미루나무 끝에 다 차오르면
봄은 섭섭하게 떠나지만
언제나 기다리며 사는
그래서 아름답다고 믿는
아침나절이다

슈트라우스의 왈츠를 듣고 싶은
진한 커피 한 잔 마시고 싶은

연아가 스케이팅하는
세룰리언블루의 봄 바다가 멀리 보이는

개털

 어떤 탤런튼가 가순가가 그랬다. "남편은 죽어라 벌어오고 자기는 집에서 쓰는 일만 하고 있으니 이혼하면 개털"이라고. 누가 연예인 부부 아니랄까봐 이혼은 생각해본 모양인데, 일 없이 돈줄만 끊어질 경우를 낭패로 내놓는 거기에 약간 여자다운 귀여움이 있다. 낚시꾼들이 입질 좀 하느냐고 물으면 개털이라고 대답한다. 개털도 괜찮다는 그래도 낚시가 좋다는 그 무엇을 스을쩍 숨긴 말이다. 단체 구기종목의 승부조작이 프로 스포츠의 개털을 맛보게 했는데 나는 십수년짼가 제비를 보지 못하는 삼월 노고지리가 없는 삼월 꾀꼬리가 없는 오월이 개털인데 얼마 전 아우가 산에 오리나무가 없어졌다는 얘길 꺼냈다. 온난화의 영향이라고 했다. 그러고 보니 나도 못 본 것 같다. 산새도 오리나무 위에서 운다는 소월 시가 오미괩 되면서 더욱 개털이다. 그렇고 이렇게 가차없이 변하는데도 별말 없는 사람들의 정신없는 세상 살기는 정말 개털이다. 개털 잘 잘라 모양새 내는 개 미용사도 돈이 좀 된다던데, 나는 없는 것이 개털처럼 많아지는 개털 같은 새벽길을 털털거리며 털털거리며 출근하고 있다.

노동

진료비가 좆나게 비쌌다
새로 단장해 개업 딱지 붙인 K병원
무지하고 용감한 머니게임에도
환자들은 더 붐비니 할 말 없어선가
옷 벗고 내민 어깨가 흔들렸다

뼈 사진 컴퓨터로 유도해서 볼펜으로 찍어대는
인턴인지 귀때기 퍼런 흰 가운
여기는 뼈가 너무 자라고
여기는 너무 사용해서 어쩌고저쩌고
다 내가 늙고 직장 일에 시달린다는
그 얘기가 그 얘긴데

치료해도 나을 가망 희미한데
내일도 올까 말까
비싼 치료비 깨물고 또 와

그런데 누워 있을 만했다

물리치료실 깔끔한 침대 시트 하며
서비스로 셀프 커피도 진열돼 있고
콧날이 빤질한 간호사들의 친절이
해골바가지 깨나 긁어댄 여우같았다

다섯 시에서 여섯 시까지 허접스런 인생사
곱씹으며 바라보던 말짱하게 단장한 천청
두두두 안마기 그 북 치는 소리도 심심찮았다

밖에 나오니 어둑한 보도
어떤 개구쟁이 놈 자전거 씽씽 달려 스쳐가는
옆 골목 난전에서 생닭 한 마리 샀다
얼굴에 땟국 얼룩진 닭 장사 아주머니
닳아빠진 육중한 통나무 도마 위에
무식하게 생긴 칼로 퍽퍽 토막을 쳤다

슬며시 장난기 나서
더 잘게 잘라 달라는 내 부탁을 내처 들어줬다

노환 앞에선 무식하게 용감하게
씨발 먹는 게 남는 거 아닌가

민들레 생각

밤 두 시에 살그머니 문 열고 나왔어 난 밤마다 이래
골목 빠져나가면 24시 편의점 거기서 담배 두 갑 사고
도루 반달길 반달촌집 들마루에 앉아 피우던 담뱃갑에다 끄적이지
누이야 너 시 안 쓴 지 오래됐지
그래서 너는 아마 싱싱한 나무일 거다

들마루 건너는 행운 특수인쇄 LG에어컨 실외기가 낡은 문 옆에 커다랗게 놓여 있고 그 옆에는 진종일 높은 데를 만지고 다니던 동방 사다리차 한 대 휴식 중 지금은 내가 필요 없는 너같이 편해 보인다

60대 과부가 운영하는 이 반달촌집 동태찌개 괜찮고 …왜 자꾸 오타가 나냐 보고픔이 시퍼런데 왜 오타가 나냐구… 이 집 과부댁도 늙은 할배 있어서 둘이 자주 산나물 캐러 간다더라 야, 너두 외로운 거 내가 다 안다 너 언세 내려와 등산이든 낚시든 뭐든 가보자… 아니, 관둬라 때려 쳐
외롭구 어쩌구 저쩌구 고리타분하다

그래 이렇게 난 잔여기간을 밤 산보하고 너는 너는 시 쓰지 말구 애들 뒤치다꺼리 설계산가 뭔가로 구구리처럼 골목골목 뛰어다녀라

자꾸 오타가 난다… 새벽이 온다… 너 나 죽으면 혹시 울래 물론 안 울겠지 부의금 가져오지 말고 그 돈 조금 보태서 자전거나 한 대 사라 너 스무 살 때도 자전거 잘 탔잖어 싱―싱―싱, 너 달리는 거 보인다

이 골목 허튼 새벽같이 뿌옇게 보인다

약속

저 버드나무 끝의 봄에 대하여
언제나 멀리 있는 당신에 대하여
혹은 낙선자가 당선에 대하여
거듭거듭 생각을 굴려간다는 건
섬뜩한 일이다

칼날처럼 외로운 화가가
어떤 사물에 대하여
끊임없이 붓끝을 조여 나아간다는 것은
섬뜩한 일이다

피를 흘리는 추운 밤들은
언센가 꽃을 떼이내고
씨앗을 떨어트리기 때문이다

뜨거운 용암이 식어 돌이 되는
돌이 부서져 흙이 되는
끝없는 집중은 이미 저질러진 것

태양은 까만 꽃씨를 가진 사람들이 바라보는
수평선으로 돌아온다

아내

앞으로 세 밤만 지나면 꼭 올 것이므로
아무런 생각도 없습니다

외손자 봐주러 떠난 지 이틀째
새벽엔 그 대신 뜨락 화분에 물을 주었고요

지금 댓돌에 앉아 시커먼 전깃줄 사이로
참 오랜만에 별을 봅니다

이제 발 씻고 소파에 누워 TV를 보다
잠들 것입니다

실 건너 빌딩 깃대 끝에 깃발이 조금씩
나풀거리네요

낙화

눈물이 있을 때 힘이 있었다
눈물이 있을 때 분노가 있었다
눈물이 있을 때 눈물 밭을 갈아
이런저런 씨앗도 뿌렸다

눈물 있는 겨울
꽃을 기다리며 살았다

이제 나를 쓰러트리듯
꽃잎 어지러이 진다

꽃 질 때
별만 눈을 비비고 떠 있는
벌판으로 가야 한다

연약한 바람이
아무런 고픔도 없는 거리를 살랑이고 있으니

봄비

앞집 차는 대학병원 가 있고
주차했던 자리
남의 차가 차지한 채 비 맞는다

울안엔 오얏나무* 혼자 젖는데
올해도 꽃을 피울 건가

젖는 것들은 모두 평안하고
젖는 것들은 모두 희망 있고

시방 빗소리 툭툭

불빛에 번쩍이는 스데인리스 철책
젖어서 더욱 시커먼 기와집

사람들 두런거리며 지나가는 골목
남긴 발자국들이 비에 젖고

젖은 깃발이 조금 펄럭이고
젖는 것들은 희망 있고
젖는 것들은 이미 봄에 들고

---

*오얏나무: 자두나무.

아파트 천국

퇴직한 김 선생 부부는 피곤하다
무쏘를 타고 먼 시골 농장에서 돌아오면
베란다의 화분들도 피곤하다

50대 처녀 여 기자가
80대 노모 한 분 모시고 사는
B동 301호 아까 목욕탕으로 가던데
저녁은 언제 먹으려는지
감시용 카메라에 찍힌 얼굴
서로 의지하여 정문을 걸어 나가고

일찍 해가 지는
콘크리트 그늘에 기르다 내버린
애완용 개 한 마리
쓰레기봉투를 헤집는다

수도꼭지를 틀면 고층에서도
사랑한다 감사하다는 말처럼

힘찬 습관으로 물은 조절하여 쓸 수 있지만

하수도로 흘러간 생활은
죄 없는 물고기를 죽인다

신록 3

나에게는 내가 있다
허리 구부정한 내가 있다
허리 구부정한 내가
갓 피어난 패랭이꽃을 보고 있다

바다에게 별에게 패랭이꽃에게는
내가 있나 없나 모르겠다
몰라서 살고 싶은 거다

더 연하게 더 보드랍게 푸르게
안녕 나마스떼 굿모닝
우린 보푸는 잎사귀

저 푸른 산모퉁이를 돌아서 가자
너에게 내가 있을 법도 한
이 오월을

여름 석양

   소나기 맞은 감나무에 바람 한 점 걸치자 '툭' 땡감 떨어지는데
   그 그늘 스친 누렁이 놈 몸을 휘둘러 빗물 탈탈 털어내고
   서쪽 하늘빛이 쏟아지는 검은 구름 구멍으로 비행기 두 대 번쩍인다
   저녁 다 됐다
   낡은 연자방아로 기어오른 박 넝쿨에 박꽃 하얗다

세월호 그 후

그간 나뭇잎들이 다 자랐습니다
한참 뒤 시작한 모내기도 거의 끝나가구요
서로 쳐다봐도 여느 때 일처럼
이야깃거리가 되잖아서
몇 마디 나눠도 이게 뭔지 싶고
자다 깨어도 살아있단 게 미안했습니다

처음으로 뽑힌 여자 대통령 원망에 지치고
할 수 없이 엊그젠 바깥일도 보고 온 모양인데
그도 저 나뭇잎 바라볼 시간이 있을까 모릅니다

시간 이만큼 지나니
애들이랑 조금씩 웃는 이들도 있긴 하더라구요
뜰에 풀이 저리 자랐으니 어쩌겠어요

정작 가족들은 끼니가 아직 어림없이 어설플 텐데
저는 모처럼 산길을 지나다 뻐꾸기 소릴 들었습니다

제2부

종이 두 장

깨끗한 한 장의 종이가
똑같은 그런 한 장 종이를
조용히 바라봤다고 합시다
그리하여
서로 이리저리하다가 잘 포개졌다고 합시다
포개져서는 그저 차분한 시간을 누렸다고 합시다
다음에는 물론 무위의 공간으로 헤어졌을 것이고
서로 잊어버렸다고 합시다

그러니 이제부터 우리

건강한 종이들은 조용히 만나고
조용히 헤어지는 법이라고 하면 어떨까요

헤어지고 헤어지는 삶의 바다에서
방금 잘라낸 신선한 종이 냄새가 사라지는 것은
아주 자연스러운 것이라고 하면 어떨까요

닭

낙산사 구경하고
7번 국도 달리는데
스마트폰에서
웬 닭 울음소리 났어

삼척-묵호-죽변 지나며
내 머릿속엔 닭 소리 여전했어

퍼뜩 내가 닭인 듯한 느낌에
영덕 지나 화장실 가서 거울 봤어

난 닭이 아니었어

길가 민박집 닭 두 마리
서로 무슨 얘길 하며
땅을 쪼고 있었어

진달래

〈도전 골든벨〉에 나왔던 진달래
분홍색 얼굴에
잠자리 안경 쓰고 터진 청바지 입고 있었어
문제는 일곱 개만 맞췄어

패자 부활전에서도 두 문제로 물러난 그 애
녹화 끝나고 제 집 모퉁이 지나며
공연히 살살 웃더라구

저녁나절 해는 서산에 걸렸다가
꼴깍 넘어가서
앞산이 점점 컴컴해지고
오슬오슬 추워지고

쟤네들은 다 붉고 예쁘지

밥그릇

밥그릇 비우자마자
비어진 그 밥그릇 채우러 나가는
저 바다
귓벽을 치는 높은 파도 소리

허무하지 않은 것이
밥그릇이라고 생각한 적 있는데
할아버지 유물 불사르며 꺼멓게 끄스르는
밥그릇 봤다

돌잡이 아이의
번쩍이는 스테인리스 밥그릇 선물
누셍에 복(福)자가 쓰어 있어
가끔 혼자 웃는다

그 밥그릇 채워주기 위해
부모 등에 젖는 땀을
애들이 뭘 알아

저의 지붕 아래서
밥 함께 먹을 짝 찾으랴
소란이나 떨지

이 아침
자숫물 통에 던져지는
휑한 슬픔

길

개구리는 온 데도 갈 데도 없다
뻐꾸기도 그럴 거 같다

토끼나 노루는 늘 다니는 길이 있다
서편제 영화 보니 소리 하며
떠도는 그들은 개구리 뻐꾸기였다

숲속에 사는 바람
슬쩍 내 옷깃을 건드리고 간다

숲을 나가면 외롭지 않을까
외로운 게 더 행복할까
아닌 것 같기도 하다

여울물이 제 삶을 노래하며 사니
노래 들으며
평생 그 옆에 사는 버드나무는
버드나무대로 길을 튼다

나 내일은 어디로 갈까

휴일이면 차를 몰고 서슴없이
멀리 가는 시인이 있다
그는 바다로 향한다

길이 끝난 곳 바다가
그에게
끝없이 밀려온다

짝사랑

병이라고 했다
앓다가 낫지 못하고
그 병으로 죽으면
시체가 까맣다고 했다

사랑하다 죽으니
제대로 된 죽음일지도 모른다
완벽한 삶의 뉘인 색깔 아닌가

홍역 같은 그 돌림병
나라고 비켜가진 않았다
정말 혼쭐났다

감기처럼 몇 번 더 왔다 갔지만
이제는
조금 사치스런 옷 같은 것이다

까만 굴뚝새가 까만 굴뚝새를

죽어라 쫓아다니는
한참은 정신없는

어제

내가 고무신 벗어놓은
그 강가는 다시 가볼 수 없다

지금 복사꽃 진다

꽃비 속에
그 강가가 보인다

세계

오지 탐사대 맞이하는
히말라야 마을 주민들

꽃무늬 긴 치마
카메라 즐거워하는 아이들
어디서 본 것 같은 티셔츠 칼라
어디서 본 것 같은 신발들

한 하늘 아래
빗물 마시고 빗물로 목욕하고
빗물로 초목이 자라고

저 별의 노랠 함께 듣는 사람들
피부야 붉든 희든
모두 예쁜 이들

부디 싸우지 말고
배고프지 말고 살아야 할 텐데

가을 앞에

올해도 가을은
거짓말을 하지 않고 제자리에 왔다

와서 농부의 땀에 곡식 내려놓고
과수원 과일 다글다글 매달아주고
다 익은 나뭇잎은 갈 곳으로 보낸다

대운하가 4대강 사업으로 옷 갈아입고
행정도시가 또 그 무엇으로
권력의 편에 갈아입히려 하다
뻔뻔하게 안면을 바꿀 때

가을은 진지럽 초연하게
약속의 길로만 왔다가 떠나간다

민초들은 가을 같은 지도자를 원한다
잘 아는 사람을
매일 만나는 이웃을

돈 몇 푼 때문에 속이고
아닌 체 그를 빠안히 쳐다보며 살 때

가을은 한 치도 속임 없이 제자리에 와서
제가 할 일 하고 고요히 떠나간다

우리는 가을 같은 이웃을 그리며 살다가
가을엔 더욱 고독을 느낀다

가을처럼 착하게 살고 싶다
가을 길 따라 더 멀리 걸어가 보고 싶다

시(詩)

"공중에 나는 새를 보라
심지도 않고 거두지도 않고
창고에 모아들이지도 아니하되
너희 하느님이 기르시니"

이것은 시 같은 성경이다
성경 같은 시가 진짜 시라는 김 아무개 시인의
말이 믿어지는 성경이다

성경처럼 시를 써보고 싶은데

교회 가도 예수 믿어지지 않고
시 나무에 매틸러 늙어도 열매를 따지 못한다

그래도 그래도
공중에 나는 새를 보라
이 시 같은 성경을 음미하며
혹시나 시가 올까

그 터무니 붙잡으러 한다

아뭏게나 날아도 새들은
집 지을 때가 되어
숲으로 산기슭으로
지저귀는 정말 좋은 이 봄

앉아도 서도 저 산등성이로 흘러가는
아까운 시여 어딜 잡아야 하는가

무심코 시 향해 서면
어긋난 치수의 비참을 밟으며
이젠 시를 버리고
아지랑이 먼 나라 홀로 걷고도 싶다

하늘

어머니가 일하시는 머리 위에는 늘 하늘이 있었다

넓은 마당 빨랫줄에 빨래 너실 때
가을 방천둑에서 동부를 따서 바구니에 담으실 때
산 밑에 널어놓은 목화대에서 목화 따실 때
액자 속 그림 같은 하늘 아래 사셨다

간암으로 투병하시던 어머니 모시고
대청댐 어느 물가에 자리 퍼드렸다
물속에도 가을 하늘이 파랬다

며칠 후 그 하늘로 떠나셨고

지금 어머니는
내 속의 하늘이다

그저 가끔 바라보는

바람

새 우는 골짜기
흔들리던 꽃들

꽃 피듯
새 울듯
언제나 있는 바람아

시월 한 일요일
서울 아이들 찾아와

배웅하고 돌아오는 저녁나절
앞을 스친 바람아
초조한 피부를 씻는
그 몸짓

부르지 않아도 오는
슬픔인가 뭔가 알 수도 없는

새벽 산을 오르며

나의 지난날들은 순명(順明)하였는가
이 오월 저 나무들은 서로 바라보며
섣불리 앞서지 않으며
차근차근 자라자고 대화하듯
제자리에 꽃 매달고 열매의 꿈꾸는데

산정에는 생수가 나오는 수도꼭지 나무의자
무언의 정담과 약속으로 준비되고

가장 맑은 표정으로 인사 나누는 사람들
턱에 닿은 숨길로 하늘 한번 우러르며
분노와 비굴로 살 수밖에 없었던 발자국들을 지워낸다

숲 사이 축가 같은 노래 부르는 새들이여
그 작고 연한 소리와 목숨으로
이 시공에 빛나는 날개를 펴느니
내 생애도 사실은 순명하지 못하였기에

저 새소릴 들으며 조용히

늙은 소나무에 심신을 기대어본다

모기 전쟁

 막걸리 먹고 쐬주 먹고 만날 게슴츠레 취한 눈 치켜뜨고 주모 치마 밑의 허연 물렁살만 찔러대던 삐쩍 마른 모기 놈 어제 저녁 아파트 15층까지 쫓아 들어온 걸 밤새도록 파리채로 후리다 따닥 벽에 처발라놓은 순간 쐬주도 막걸리도 아닌 시뻘건 내 피가 그놈 배때기서 튀어나와 새로 도배한 벽지 위에 운명의 벽화를 그렸다. 나는 깊이깊이 뚫린 어두운 분노의 지하도를 향해 다시 모그죨을 사그리 뿌려댔다. 순간 쐬주처럼 취해오는 독한 모그죨 냄새가 씁쓸한 인과응보의 뒷맛으로 콧속을 쑤셔 왔다. 끈질기게 살아야 며칠인데도 기어이 알토란같은 내 정혈을 축낸 놈

 아, 이 여름도 다 가는데
 내 지르는 소리조차 칼 가는 소리 같다

제3부

불경기

지난여름 나는 공장에서 틈나는 대로 빨래를 했다
봉급 인상도 보너스도 없이 그냥 지나갔지만
빨래에만 마음을 썼다
작업용 티서츠와 반바지 두 벌을 두고
하루에 한 번씩 빨아 뜨거운 햇볕에 잘 말려
늘 깨끗이 갈아입었다
수건도 땀내 날 새 없이 자주 빨아 널었고
양말도 말려 퇴근할 때 신었다
내 속의 허튼 불만 꾹꾹 누르고
가끔 무성하게 올라오는 풀밭과 멀건 하늘 바라보며
내 속마음까지 빨아 말렸다
누구나 너무 슬프면 무슨 일엔가 기대 살듯
할 말 없는 불경기에 묵묵히 세탁만 했다

눈물

세숫물 속에 몰래 눈물을 섞어보았는가
용서받지 못한 가난 때문에
무식 때문에
치사스런 젊은 날의 연정 때문에
울어보았는가, 끝내 버리지 못한
욕망 때문에, 그러나
늙으면 눈물은 마른다 강물 같은
바람 같은 허무 때문에
그늘 속에 버려진 낙엽같이 마른다
허연 입술 위에 연륜처럼 마른다
또 하나 그대가 두고 간 적막 때문에

외로움

생전 공장에 다니면서 모은 돈으로
누런 벽돌집 하나 지어 살고 있다
벽돌담에 달빛이 세상없이 밝은 밤엔
희망의 손끝이 시리다

입동

밤 열 시예요
쪼르륵 가늘게 하수도 물소리가 들리는 뜰이에요

어젯밤 첫 추위에 아내와 내가
너무 커다란 천사의 나팔꽃 화분을 어쩔 수 없어
얇은 이불을 덮어줬으나 시들었어요
쪼르륵 가늘게 하수도 물소리 여전하네요

다라이에 받아놓은 물에 달이 추워요
저 떨리는 달처럼
나는 요즘 근육통에 몹시 시달려요

단풍처럼 근육통은 노랗게 아파요
추운 돌계단에 앉으니 좀 나아요
오래 끊었던 담배 세 개비째 피워요
나는 또 생각해요 추워지는 날씨같이
대화가 어려운 어떤 모임에
계속 나가야 할지 말아야 할지

혼자 중얼거리며 휴지통에 버린
인쇄물 뒷장에 시를 써요

지금 센서가 달린 현관 외등은 꺼졌다 켜졌다 해요
내가 몸을 조금 움직이면 켜지거든요
아내는 화분을 여러 개 가지고 있어요
그들 중에는 이 추위에도 붉게 멍울을 단
꽃나무도 있어요
난 믿어요 그 꽃나무 꽃피울 일을

겨울이 와요 곧 얼어붙을 듯
하수도 물소리 가늘어요

가을 추억

10월 내내
출근 땐 꽃이 좋은 강변길만 가다
코스모스 환했던 그날 10월 11일
서 있는 앞차를 받았다

차 수리는 이십여 일 걸리고
그날 이후 그 길론 영 못 갔다

수일 후 여자 시인 K의 남편이
심근경색으로 떠나고
그는 전화조차 사절이다

아직도 가을인가 아니면 겨울인가

오늘은 11월 12일
바짝 오므린 추억 하나 흔들리며 출근한다

채송화

해 바라보고 달 마시며 산골마을 초가에서
여덟 남매 잉태해
연둣빛 새싹 밭에 내려 기른 그녀

착한 옷깃 고요히 젖는 봄비 속
뒤란 장독대 돌 틈에 씨앗 몇 낟 숨겼나니

검은 산맥들 편안한 날에
아기 눈을 한 여우 한 마리
큰 항아리 옆을 지나며 그 눈 속에
담아 가지고 간
체리핑크 꽃송이 하나

사람에게

콘크리트 건물 사이
콘크리트 골목길에서
집과 사람을 찾는다

몇 개의 색안경을 써서
눈빛을 볼 수 없는 사람
만나면 삶을 흥정하고 혹은
취미 얘기를 종일 하고
돌아서면 그리움이 남지 않는다

나도 그런 사람인가
추운 숲 나무와 나무 사이에
움츠리고 서 있는 나무인가

해처럼 떠 있는 사람이 그립다
눈 쌓인 높은 고향 산 같은
그 마을 맑은 여울에 놓인 징검다리 같은
사람이 그립다

꽃피고 새소리 들리는 시골길 같은

그리운 사람아

사람의 숲이 모두 싱그런 오월이면 좋겠다

지금 제비는

제비는 오지 않고 극지에서
무너지는 눈 더미만 떠오른다

바다로 바다로
둥둥 떠가는 큰 빙하만 보인다

지구 온난화로 턱턱 막히는 가슴
제비 그 작은 것의 노여움 따라
세상의 앞날이 무너진다
지금 그는 어디 가서 사나

배신한 사람
배신당한 사람의 나라
믿음은 점점 멀어져
바라볼 곳 걸어갈 곳 없다

자동차 기차 비행기나 타고 다니다
언젠가 우주선 타고 갈 곳이나 있으려나

파란 지구가 젤 살 만한 별이라는데
함께 살던 제비는 오지 않고
새해 달력이 어둡게 보인다

제비랑 함께 살고
걸어 다니는 게 좋을 걸 알면서도
우리는 차를 타고 다닌다
차에 치여 죽는 사람도 엄청 많다

종소리

종소리가 들린다
유년의 시골 예배당
그 종소릴 들으며 옷자락 순결한
한 시인을 생각한다

솔로몬의 영화가 들에 핀 백합 한 송이만 못하다 하던
공중의 새를 보라 먹을 양식을 걱정 말라 하던
가시관을 쓴 그의 검고 슬픈 수염
채찍 맞는 등줄기를 생각한다

12월엔 에메랄드빛 종소릴 듣는다
크리스마스트리에 하얗게 눈이 쌓이길 바란다
들에 핀 백합이 되고 싶어 한다

약한 것들이 모이면 아름답고 성스럽다
옳은 것들은 큰바위얼굴처럼 일어서서 영원하다
저 종소릴 들으며 작아진 인간들의 숲이
잠시 착해진다

외등

무거운 몸 땅속에 단단히 박고
바람도 비도 받아 버티며
오로지 불을 켜 골목 밝히는 속내

매일 밤 산책을 나가면서도 나는 무심했다
대문 밖 왼쪽으로
서 있는 그를 모른 채 살았다

누가 저를 저렇게 세워 놨는지
밝은 세상도 때론 비극이다
모두가 밝게 밝게 비극이다

챙기기

스마트폰, 담배, 안경, 청수 담긴 보온병, 또 무엇인가
차 키를 돌리기 전 그 한 가지를 잊을 때가 많다

연필을 입에 자주 대어가며 글씨를 쓰던 소년 시절
크레용과 도화지를 잊어먹고 학교 가서 종아리를 맞아도
그때는 오월의 이파리 이파리 사이로 쏟아져 내리는
하늘만 마시고 살았다
그런 어린 감나무 한 그루였다 미래를 몰랐다
가끔 챙기지 않아 매를 맞아도 요즘처럼 슬프지 않았다

아내는 여름내 물 주기를 잊지 않고
겨울도 그 많은 화분을 베란다에 들여놓아 살려낸다
세금고시시를
내 속옷을 매일 빨래해 주는
밥때 밥 어김없이 차려 내주는 아내가 부럽다 대견하다

나는 다만 편안한 저녁 도시 하늘에 별을
골목으로 지나가는 실바람을

들마루에 앉아
내 속으로 스며드는 어둠을 챙긴다

저들이 오래전부터 미천한 나를 챙겨
이 저녁에 함께 있도록 하였음도 알게 되었다

자화상

사람들은 모른다
아는 체 하지만 나의 시를 모른다

나의 창밖 풍경을 모른다
작은 고독의 문을 나가
홀로 걸어가는 달빛 강둑을 모른다

날마다 닦아내는 나의 유리창
저 밖의 풍경을 모른다

내가 마시고 사는
목숨의 수정과를 모른다

진달래 2

진달래가 나 대신 산을 기어오르네

사월 산길 넘어 책보 끼고 가며
꽃을 모를 때는 나도 꽃이었느니
어린 동무들 합창이 모두 꽃노래였느니

이제 스러질 것도 없는 엷은 빛
이 강가의 낮은 물소리

진달래가 뜨겁게, 뜨겁게 산을 기어오르네
저 불길에 누가 타든 타야 해!
탈 가슴이 있거든 타야 해!

달빛 동네

국보제약 사거리 코너 심지약국
돈 억수로 버느라 그런가
간판이 무척 낡고 피곤해 보이는구나
내려져 있는 셔터도 낡았고
셔터 옆에 견인지역 표지판도 낡았구나

반대편 코너 새로 지어 깔끔이 단장한 어울림안경
돋보기를 내게 턱없이 비싸게 팔아먹었지
그 새파란 놈 수법 낡았구나

어떤 작업복 사내 하나 어둑한 길섶을
맨몸으로 걸어가고 있다
노가다 뛰러 가는 게 분명하다
낡은 밥벌이 방법으로
다시 깨어나는 새벽
이 하루 힘겹게 밀어내겠지

달빛 고요 속 모든 것들은 낡았구나

측백나무 심겨진 커다란 화분 옆 의자에 앉아
담배 피우는 나도 낡았는데
예수 죽어서 십자가 되듯
낡아서 죽을 것들은 거룩한가
바라보는 이 시간의 초침 소리만 새롭다

낡았어도
내 목숨 하나 어린 새처럼 그들 곁에 숨 쉬고 있으니

가을밤

이제 잡스럽게 나풀대는 생각 다 불어내고
시 속에는 결국 아무것도 없어야 한다며
파리 한 마리 잡으려다 놓친 헛손질같이
말간 맹물같이
그렇게 비워낸 삶만 있어야 한다며

국보제약 골목 들마루에 늦은 가을밤을 앉히고
낡은 의자에 올라서서 담벼락에 벽화를 그리던
어제 그 여자 젊은 종아리 슬쩍 떠오른다

정말 늦은 가을밤이다
싸늘한 전깃줄이 교차하는 하늘 잔뜩 흐려 있고
스디거 명힘 진딘이리고 쓴 행운인쇄소
때가 낀 가난한 간판
하얀 국화 화분 하나 놓인

내가 담배를 세 개비나 피운

제4부

별

봄 가을 겨울이
아무 생각 없이 왔다 가도 괜찮아

밖에서 하루 살고 돌아와
저녁이면 뒷동산 큰 참나무 곁에 나가
서성이는 나를

먼 그대가
내려다보니까

적막

맑은 물만 마시고 사는데
꽃잎 색깔들
제가끔 붉고 파랗고 절절하다

붉은 꽃잎 으깨보니 자주색이었다
푸른 꽃잎을 으깨도 자주색이었다
붉은색 푸른색 함께 으깨어도 자주색
그런데 흰색은 그냥 '맑은 물'이었다

눈부시게 하얀 삶의 정체가 물이라니
죄 없이 산 생애가
아무것도 없는 물이라니

어찌 보면
흰 꽃의 깊은 의미는 적막인 듯하다
하얗게 찬란하게 살고 물로 돌아가는 것은
어찌 보면 또 거룩하다

찬란한 이력을 남긴
짙게 짙게 기록으로 남아 이야기로 살아나는
훌륭한 사람들은 자주색인 거 같다
그렇다고 인생이 꼭 자주색이어야 하는가

꽃들의 전쟁터 같은 화단에서
흰 꽃을 바라보는 나는
한참 아름다운 적막의
산모롱이를 돌아서 가고 있다

어머니

서당 집 아들도 배가 고팠다
초등학교 일학년 하굣길
남의 참외밭에 들어간 거다

저잣거리에 나가야 보던 돈
바로 그 돈이던 참외
첫 꽃이 떨어져 노랗게 익은
주인의 정성 꿈 그걸 훔쳤다

더운 쌀밥 한 그릇
먹은 지 오래란 게 이유가 안 된다

옆 동네까지 소문나
자존심 상한 아버지와 형들
그 무서운 질타

난 파멸의 어둔 골방에 숨어
울며 후회했다

"참아라"

세상 다아 날 욕해도
어머니는 좀 다른 말로 했다

고쟁이에 매달린 주머니 열어
오래된 돈 한 장 줬다

이건 외할머니한테 받은
화폐개혁 전 돈
고깃국 그리 먹고플 때도 차마 못 썼다

참외 먹고 싶을 때
꺼내서 봐라

무식

할아버진 밤낮 똥장군 지고
논밭 갈아엎는 농투사니
아이 땐 글 읽으라면 도망쳤단다

아버진 증조할아버지 닮아 글이다
사랑방 문갑 앞에서
허릴 꾸벅거리며 논어 맹자 주역 읽었다

저거 저거 뭐에 쓰냐구
나보구 넌 저거 하지 말라고
할아버진 속삭이듯 내게 당부했다

어느 날 아버지가
밭에 가는 할아버지 앞장섰다
이상했다

(아마 논어 어느 구탱이를 실천하려 했던 건가)

할아버진 장비처럼 뻘건 눈 부라리며
"넌 들어가라!"

할아버지는 농자천하지대본
할아버지는 내 숟가락
백 번 옳았지요

무식처럼 깨끗한 건 없나니

뒈진 놈

내 무덤 위에 무슨 꽃이 필까
기왕이면 내가 좋아하는 패랭이꽃이 좋겠다 하다가
가만
뭔 꽃이 핀들 뒈진 놈이 알 게 뭔가
다 쓰잘머리 없는 것이여

친구가 너 죽으면 조그맣게라도
시비 하나 세워줄까 하길래

아 그 빌어먹을 거나 세우면 뭘 할겨
국밥 수백 그릇 값 버리지 말구
너 국밥이나 사먹어 했더니

뒈진 놈은 가만있어

찔레꽃

능동 고갤 넘어
흐여티 지나
십여 리 학교 가는 길

길가엔 여기저기
하얀 찔레꽃 덤불

우린 그게 있든 말든
그냥 다녔어
떼 몰려 재잘대는
우리도 꽃 덤불이었으니까

어쩌다가 혼자 오는 날은
한참 서서 하얀 꽃
바라봤던 것 같아

영양실조로 죽었다는
착한 사촌누나 얼굴 떠올리며

수국

국보 골목 수국식당
뚱뚱 아줌마는 행복할까

삐쩍 마른 스무 살 아들
밥 푼 돌솥에 물 부어 들고 올 즈음
큰 양푼에 나물
조물락거리며 와서
접시에 살짝 놓으면
모든 혀가 놀란다는 거
다들 아니까

하얀 수국처럼
아줌마는 웃같이

우리 애들 이름도 다 알고
머리도 쓰다듬어주고
그런데 아저씨 없이 혼자 산다나
그래도 늘 웃더라구

뚱뚱하게 하얗게

그래서 수국식당 늘
손님 빽빽

물

박 교수*는 늘 웃는 하회탈여
사십 훌쩍 넘어서 어렵사리 교수 되기까지
보따리 장사로 험한 골짜길
웃으며 흘렀거든

그런 그를 보면 대개는
따라 웃었고 웃지 않는 이도
화는 안 내더군

그의 속에도 물이 고여 있을까
하기야 술을 많이 마시긴 했지

술노 못 마시고 웃지도 않는
나 같은 사람 보면 떨떠름했을 텐데
전혀 그런 눈치 보이질 않더라구

물은 하늘에서 내려오거든
몇 달만 하늘이 물 안 내리면

끔찍해질 세상 아닌감

웃다가 헤어지는 등짝 배웅하며
얼핏 박 교수도
하늘에서 온 거 같다며
난 혼자 웃곤 해

허허허 물 같은 사람

＊광주대 박순원 교수, 시인.

돛

난 십여 년 전까지 흰 돛을 달고
항해할 수밖에 없었어

흰 돛은 날이 갈수록 더욱 희어지고
펄럭일수록 더욱 무모해지고 슬펐어
왜 붉거나 푸른 돛을 못 달았을까
안타까워만 했어 그땐 그랬어

깨끗하고 눈물만 징징 나는 하얀 펄럭임
바람 안고 그 힘으로
안타까운 생의 바다
갈매기처럼 흘러 다녔지

사실 지금처럼 분홍색 돛을 그리워하면서
왜왜 그랬나 몰라

분홍색은 아무런 그리움도 필요 없었어
종일 항해를 해도 피곤하지 않았어

그렇지만 조금씩 분홍색에 질리기 시작했어
세상이 다 분홍색으로 보이는
뱃멀미가 생겼어

이제 빨강이나
파랑도 싫어 아무런 색도 없는 돛이 있다면
달아보고 싶고 언젠간 달 것도 같긴 해

오늘도 분홍색 돛을 올리고 있어
바람 잔뜩 받고
나도 모르는 사이 룰루랄라 달리고 있어

육지로 돌아와 생각하면 질리는
오, 푸른 바다의 분홍색 나날들

저 흰 돛 흰색에 대하여
어쩔 수 없게
무식해지는 시간들이여

바다

처음 바다를 봤을 때
수평선이 무서웠어
참 먼 거리라는데
가까워 보여 더 무서웠어

텅 빈 집
여든 넘은 할머니와 딱 둘이 지킬 때
점점 어두워지는 밤도 바다 같았는데

돛단배 하나 어느새 수평선 향해
위태롭게 위태롭게
멀리 떠나고 있었어

난 언젠가 저기로 떠나가서
수평선 너머로 사라질 것 같은데
바다는 꿈속에서
왜 저리 번쩍이는지

더는 흘러 못 가는

작은 냇물이 강물이 모여서

웅성대는 저기

사월

사월엔 멀리 가고 싶지 않았다
할미꽃 흰머리 푸는 밭둑길 돌아
가잿골 골짜기 산벚나무 그늘 아래
잠시 앉아 있었다

산벚나무 꽃잎 사이 멧새 한 마리
꽃잎 몇 낱 떨어뜨리고
포르르 날아간 하늘
조금 바라보았다

쫄쫄 거리는 도랑물에
개구리 알이 막 새끼를
쏟어내고 있었다

봄동 다 뜯어간 남새밭 길
어떤 할머니 돌아오고
경운기에 실려 오는 퇴비 더미서
김이 모락모락 피어나고 있었다

과수원엔 젤 늦은 배꽃이
고요히 피고 있었다

개나리

병원에서 겨울 지내신 할머니 보신다며
할아버지 오늘은 말씀 없이 옷장 여시어
누런 명주 바지저고릴 꺼내 입고
찬찬히 양말 위에 대님 매십니다

참 이상스럽다는 듯
어머니가 아버지 쳐다보며 눈짓하는데
벌써 준이는 할아버지
새 구두에 까맣게 물광 올려놨습니다

지팡이 꺼내 든 할아버지 지갑에서
천 원짜리 석장 꺼내 준이 주고 머릴 쓰다듬을 때
푸스텅한 눈 위에 햇실 흰힌데
휙 불어온 바람 할아버지 두루마기 자락
한번 펄럭합니다

아버지가 문을 연 차 안이 따스합니다
병원 마당가 울타리

오! 노랗습니다
복도 저편에서 간병 아줌마가 다급한
얼굴로 마중 나옵니다

어서 가보셔요 어서요 할머니가……

할아버지 단정한 한복에 까만 구두
노란 병원 울타리 날씨는 물결처럼 참 맑고
참새들 꽃 속으로 짹짹 들락거립니다

봄바람

지난겨울 손님 오지 않은 우리 집
수돗가에 이끼가 파랗게 자라 있다

눈 녹아 젖은 자리
엷게 얼었다 풀리고
대문 조금 열린 채 조용한
오전 열 시

파지 할머니가
리어카를 끌고 골목 지나가는데

제비라도 올 것 같은 하늘에
제트기가 하얀 줄을 치며 놀고

앞집 담 위에 바람개비
가볍게 돌아가고 있다

제5부

낙엽

스물여섯에 혼자되어
삼 남매 기르며
92세까지 살다 가신 빙모님 남겨진 백골
화장터에서 보고 와선
느티나무 아래 벤치에 앉았다

낙엽들은 참 착하게 내려 쌓인다

어떤 사내가 놓고 간 빈 종이컵
백골처럼 하얗다

11월 저녁이 어두워 온다

육거리 시장

어느 산골 농부가 캐온 걸까
실종된 줄만 알고 있던
빨간 감자 반갑다

비싸다는 엄살과
뒤통수에서 실눈 뜬 눈치
아이구 싸게 부른 거라는
저 은근한 거짓말

밥줄에 매달아놓은 의지가
솔직하잖아

여기저기 한참 햇마늘 사태가 난
육거리 전통시장

차들이 노점상에 막힌 길 뚫느라
빵빵거리고

팔십 노파는
참비름 몇 무더기에 매달려
땡볕을 버틴다

뒹굴뒹굴 뒹구는 양파 무더기
퍼질러진 미나리 단

누가 사갈까
무작정 기다리고만 있는 저것들
가문 바람이 슬쩍 건드려보고 지나간다

할아버지 가시면

꼬마가 저리 갈 줄은 꿈에도 몰랐다
할아버지 먼저 가시고
꼬마가 할아버질 찾으면 어쩌나 했는데

꼬마가 먼저 갔다
불쌍두 하지

이제 할아버지가 먼저 가시고
공순이*랑 나랑 살다
나도 할아버지 뒤따라가겠지

---

*영화 〈님아, 그 강을 건너지 마오〉에서 할머니 멘트를 적은 것임. 꼬마랑 공순이는 기르는 개.

출근

오늘 아침 무심천 둑에
드디어 피었네요

겨울에도 냇물은 쉬지 않고
흘렀거든요

출근길이라
사진은 못 찍었어요

그냥 벚꽃이지요 뭐

박대

당진 문학기행 하룻밤
아침상에 올라온 잘 절여진 물고기
간조기같이 짭짤한 맛이었다

홀대받는 별 볼일 없는 생선인데
손수 절여서 두었던 거라는
쥔 아줌마

한 접시 더 청해 먹는 날 보고
자기 시조부님도 잘 자셨다나

박대 받는 고긴데도 내겐 맛이 좋아
사 오리고 문 밖 어시장시 물어봐도
절인 건 파는 데가 없었다

아내에게 알아보라 해도
청주 시장에는 없고 이름도 모르더란다

그 후로 가끔 맛과 이름이
내 속에서 왜 뱅뱅 돌곤 하는

공연히 입줄에 올라 훙얼거리는
노래 같은
박대 박대 박대……

박대는 지가 박대 받는 걸 알기나 하겠어

이 여름

어떤 택시가 내 차 옆구릴 콱 박은 여름은
자갈밭 리어카처럼 버겁다
세상이 내 목을 부러트리다니
내가 그런 세상에 살다니

보조대로 감싼 목에서 종일 땀을 흘리고
생각마저 멈춰버린다
혹시 시원한 바람이 부나 저녁 골목을 나갔다
무심코 불빛 받은 감나무 잎
다 자란 막바지 그물 같은 잎맥 들여다본다

저 선한 그림
생의 역사 생의 구도 저원하기까시 하나

누가 날 좀 봐다오
저런 그림이고 싶은 날
불빛에 비춰 봐다오

땅 멀리 별들도 새파랗게
영혼의 촉을 틔우는 이 더운 밤

달력

넘겨진 날짜는 고체
펼쳐진 달력은 액체
다음 달 날자들은 기체라고 하자

지나간 날들은
지워지지 않는 그림
아름다웠다고 하자

오늘은 강물
배 띄워 노래로 가고

내일 위해
꽃씨 파묻어
미리 향기를 부르자

오늘 달력 위에 흐르는
저 푸른 강

꽃

꽃을 보았네
깊은 산속이었네

눈먼 꽃
너무 예뻐
흙 속에 파묻고 파묻고
밤새워 으깨도
다시 붉어 오는 꽃

걱정하지 마
아무도 몰라
둘이서만 보았어

오, 축복의 꽃

황무지

자전거 산책길 옆은 황무지야
갈대와 온갖 잡풀과 잡목
엉켜 사는 묵밭이지

자전거 산책할 땐 저 길
바라보며 가는 거여

황무지는 내가 듣는 음악이야
오케스트라의 장엄함
비 오면 빗물 눈 오면 눈물
고난 견뎌온 속 깊은 친구고

지 밀고 넌 하늘
봐도 봐도 싫지 않은
별밭 같은 것이기도 해

그저 살며 피워낸 풀꽃들의
작은 기쁨 숨기고 있잖어

한마디 말도 나눈 적 없는
저 더부룩한 숲
그윽한 생성과 소멸 바라보며 듣는

바람과 달빛의 노래

가래울

목화밭 다래를 따먹으며
구름도 보며
어머니 앞장서서
공류굴 넘어 외갓집 가던 길옆
주막 있는 셋집매

심통 난 우리 집 머슴 이서방은
거기 주막에 가면 있었다
혼자 술 푸던 대낮 뜨락에
함부로 벗어놓은 검정 고무신

버드나무 무성하던 마을 앞 방죽
형이 낚시할 때 가랑비 내리면
난 기름종이우산을 갖다 줬다

깨피리만 대야 가득 잡혀 있고
쪼그려 앉은 형아는 연신 미끼를
갈아 끼웠어

조치원 쪽 큰 도로 뚫리며
방죽 메워지는 세월에
다 헐리고 남은 단 한 채 주막집
가끔 승용차로 스쳐 달린다

낮고 고요하던 삶
갈꽃처럼 흐르던 고개 너머
양로원 큰 건물이 서고

남녘에 걸터앉은 팔봉산
예처럼 푸르다

얼굴

날아가는 백로 흰 날개 보다가
봄날 복사꽃 보다가

홀로 저녁 산에 오르니
서쪽 하늘에 떠오르는 얼굴

내가 죽고 나면 내 속에 살던
그는 어디로 갈까

강물이 대신 그 이름 부를까
끼륵끼륵 백로가 부르며 갈까

되큰실 능 뒤로 따라오는
낮달 같은 하얀

먼 훗날
내 칩거지의 사립문 위에
찾아올 그 얼굴

섬

무인도에 가서 살고프다
미역 뜯고 물고기 잡고
산에 올라
물결 바라보고

그 많은 물새들 울어쌓는
자유로운 나라

혹시 누가 와줄까
찐한 그리움에
소리 높여 노래 부르고
토담집에 혼자
돌아가 눕는 밤

나 울지 않고 잠들면
온 바다 가득히 별 쏟아지리

입춘

할아버지는 글을 몰랐어
입춘 써 붙이는 건 아버지
정월 대보름 되기 전쯤
화창한 날이어야 했던 듯해

광복 지나고 삼 년 후인가
수년 집 비웠던 아버지 귀가한 이튿날
역시 입춘을 썼지
여섯 살 난 나는 그게 뭔지 몰랐지
나이 먹으면서 대문에 붙이던 그게
입춘임을 안 거야

내센 옷 한 벌 신발 한 켤레 사준 적 없는
아버질 수없이 원망하며 살았지
벌써 십여 년 전 돌아가셨기에
난 원망도 내려놓고
이제 오로지
아버지가 입춘 쓰던 그 모습

영 잊지 못하는 거야

문갑 열고 문방사우 내놓고
화선지 위를 근엄하게 달리던
붓 쥔 흰 무명 바지저고리 아버지

그 어깨너머로 정말로 착한
봄을 다시 한 번 보고픈 거야

난(蘭)

난을 기르던
난과 대화까지 한다던
친구가 죽었어

해마다 난 전시회에 날 초대해
마누라도 난처럼
예쁘게 차리고 맞아주었어

제주도 어떤 해안 절벽에서
지리산 어느 골짜기에서
캐 왔다던 그 앙증맞게 꽃피우던 난
머리맡에 놓고
내 절친 그는 죽었어

마지막 문병 때
나 죽으면 저 난 너 가져가라는
유언은 참 고마웠지

장례식 날 이제 가져가시란
그 마누라 얼굴엔
난을 더 사랑한 남편 원망 같은
그 무엇이 보였어

친구처럼 두고 보시지요
라는 말도 하기가 그랬어
선뜻 들고 오기도 물론 그랬어

무죄한 난꽃 말없이 피어 있고

하늘 2

붕어 몇 마리가 사는 냇물이 있고
쑥국새 우는 산이 있다
흰 치마 어머니가 드나들던
낡은 대문의 초가집이 있다

어느 날 꽃상여 작은 산길로 가고
상여 소리는 숲에서 떠났다

마당가엔 어머니 고무신 사잣밥 옆에 놓이고

우린 그 몇 개월 후 전처럼 웃으며 지냈다
산소 옆에 누워서 하늘을 보다가
가시고 간 과일 바구니는 챙겨 오고

하늘은 그냥 두고 왔다

이 도서의 국립중앙도서관 출판시도서목록(CIP)은 서지정보유통지원시스템 홈페이지(http://seoji.nl.go.kr)와 국가자료공동목록시스템(http://www.nl.go.kr/kolisnet)에서 이용하실 수 있습니다.(CIP제어번호: CIP2017020647)

문학의전당 시인선 0265

너는 아마 싱싱한 나무일 거다

ⓒ 이인해

초판 1쇄 인쇄	2017년 8월 21일
초판 1쇄 발행	2017년 8월 28일
지은이	이인해
펴낸이	고영
책임편집	서윤후
디자인	헤이존
펴낸곳	문학의전당
출판등록	제2017-000002호
주소	서운시 미포구 바쁘대로 11길 91, 3층
전화	02-852-1977 팩스 02-852-1978
전자우편	sbpoem@naver.com
ISBN	979-11-5896-332-3 03810

* 이 책의 판권은 지은이와 문학의전당에 있습니다.
* 양측의 서면 동의 없는 무단 전재 및 복제를 금합니다.
* 잘못 만들어진 책은 바꿔드립니다.
* 이 시집은 2017 충북문화재단의 기금 일부를 지원받아 제작되었습니다.